COCKTAILS

Für die Happy Hour zu Hause

Autoren: Jens Hasenbein & Helmut Adam | Fotos: Jörn Rynio

DIE GU-QUALITÄTS-GARANTIE

Wir möchten Ihnen mit den Informationen und Anregungen in diesem Buch das Leben erleichtern und Sie inspirieren, Neues auszuprobieren. Bei jedem unserer Bücher achten wir auf Aktualität und stellen höchste Ansprüche an Inhalt, Optik und Ausstattung. Alle Rezepte und Informationen werden von unseren Autoren gewissenhaft erstellt und von unseren Redakteuren sorgfältig ausgewählt und mehrfach geprüft. Deshalb bieten wir Ihnen eine 100 %ige Qualitätsgarantie.

Darauf können Sie sich verlassen:
Wir legen Wert darauf, dass unsere Kochbücher zuverlässig und inspirierend zugleich sind. Wir garantieren:
- dreifach getestete Rezepte
- sicheres Gelingen durch Schritt-für-Schritt-Anleitungen und viele nützliche Tipps
- eine authentische Rezept-Fotografie

Wir möchten für Sie immer besser werden:
Sollten wir mit diesem Buch Ihre Erwartungen nicht erfüllen, lassen Sie es uns bitte wissen! Nehmen Sie einfach Kontakt zu unserem Leserservice auf. Sie erhalten von uns kostenlos einen Ratgeber zum gleichen oder ähnlichen Thema. Die Kontaktdaten unseres Leserservice finden Sie am Ende dieses Buches.

GRÄFE UND UNZER VERLAG
Der erste Ratgeberverlag – seit 1722.

INHALT

TIPPS UND EXTRAS

Umschlagklappe vorne:
  Das Barzubehör

4   Das Glas zum Drink
6   Spirituosen, Liköre & Co.
64 Sirup für die Hausbar

Umschlagklappe hinten:
  Feine Bar-Snacks
  Die Tricks der Barkeeper

8 DRINKS FÜR DIE MINI-HAUSBAR

11 Caipirinha
12 Mint Julep
13 Whisky Soda
13 Whiskey Sour
14 Cape Codder
15 Moscow Mule
16 Daiquiri
16 Mojito
17 Piña Colada
17 Cuba Libre
18 Hugo
19 Aperol Spritz

21 Sherry Cobbler
22 Gin Fizz
23 Gin Basil Smash
23 Gin & Tonic

24 NIMM ZWEI!

26 Margarita
27 Cosmopolitan
28 White Russian
29 Russian Spring Punch
30 Apple Martini
30 Espresso Martini
31 French Martini
31 Breakfast Martini
33 Rhubarb Mint Cooler
34 Old Fashioned
35 Horse's Neck
36 Old Cuban
36 Floridita Daiquiri
37 Planter's Punch
37 Hurricane
38 Cremiger Prince
39 Golden Cadillac

40 MIXEN FÜR FORTGESCHRITTENE

42 Mai Tai
43 Zombie
44 Manhattan
45 Blood and Sand
47 Dry Martini Cocktail
48 Claridge Cocktail
48 Aviation
49 Negroni
49 Last Word
50 Philadelphia Fish House Punch
51 Brandy Crusta

52 MAL GANZ OHNE

55 Mosquito
56 Ipanema
56 Pelican
57 Himbeer-Melisse-Lassi
57 Rhubarb Mango Smash
59 Virgin Mary

60 Register
62 Impressum

DAS GLAS ZUM DRINK

Ein eiskalter Cocktail verdient ein eiskaltes Glas. Unser Tipp: Frosten Sie ein paar Gläser im Tiefkühler vor! Damit sie nicht zu Bruch gehen, vorher einzeln in Geschirrtücher wickeln.

SEKT-/CHAMPAGNERGLAS (15 CL)
Servieren Sie Sekt- und Champagnercocktails immer in hohen, schlanken Flöten. Darin bleibt die Kohlensäure länger erhalten. Sektschalen geben dem Aroma zwar etwas mehr Raum, dafür wird der Drink darin schneller fad.

WEISSWEINGLAS (40 CL)
Es findet in erster Linie für »Spritz« und andere Drinks Verwendung, bei denen Wein oder Prosecco mit weiteren Zutaten auf Eis gemischt wird. Aber auch ein Brandy Crusta lässt sich prima darin servieren, wenn Sie gerade keine echten Crusta-Kelche zur Hand haben.

COCKTAILSCHALE (20 CL)
Eines der wichtigsten Gläser an der Bar. Die meisten Drinks, die »straight« – also ohne Eis – serviert werden, finden ihren Weg in die Cocktailschale. Durch die breite, flache Form hat der Cocktail eine große Oberfläche und kann sein Aroma bestens entwickeln. Zudem kommt die Farbe des Drinks in diesem Glas besonders gut zu Geltung.

MARTINIKELCH (15 CL)
Das Glas mit der berühmten V-Form steht wie kein anderes für Eleganz an der Bar. Mit seinem relativ geringen Volumen ist es vorrangig bestimmt für den Dry Martini Cocktail und dessen Varianten. Aber auch ein Manhattan gibt darin zu jeder Zeit eine gute Figur ab.

GROSSES COCKTAILGLAS (40 CL)
Der »Exot« unter den Gläsern. Das Cocktailglas zeichnet sich weniger durch eine bestimmte Form als vielmehr durch sein großes Fassungsvermögen aus. Es nimmt größere Drinks mit viel Eis und tropische Cocktails wie Piña Colada oder Zombie auf. Große Cocktailgläser gibt es in geschwungener und gerader Form, mit und ohne Stiel. Eine Besonderheit sind die von Südseemotiven inspirierten »Tiki«-Becher, die mit ihren exotischen Fratzen und Mustern besonders gut zu tropischen Rum-Cocktails passen. Es gibt sie aus Glas oder Porzellan.

TUMBLER (20 CL)
Sie bevorzugen Ihre Margarita auf Eis? Ein Gast wünscht seinen Whisky »on the rocks«? Oder soll es doch lieber ein Negroni sein? Alles ein Fall für den Tumbler. In diesen Allrounder mit großem Durchmesser passen viele Eiswürfel, was für Shortdrinks ideal ist. Der Tumbler bietet zudem noch genug Platz für die Deko und liegt durch seinen dicken Boden wunderbar in der Hand.

LONGDRINKGLAS (25 CL)
Einfache Longdrinks brauchen ausreichend Raum und eine Menge Eiswürfel, um lange kalt zu bleiben. Hier bietet sich das geradlinige Longdrinkglas an. Es hat Platz für alle Zutaten und hält durch seine schlanke Form die Kohlensäure bestens in Cuba Libre & Co. Ein weiterer Vorteil: Longdrinkgläser finden sich meist ohnehin schon im Küchenschrank – ideal für die ersten Mixversuche.

FRUCHTIGE DEKO
Frische Fruchtstücke und Beeren, Spalten und Schalenstreifen von Zitrusfrüchten oder Minzestängel – etwas Farbe steht jedem Glas gut. Der Trick dabei: Schlicht bleiben, sonst stiehlt die Deko

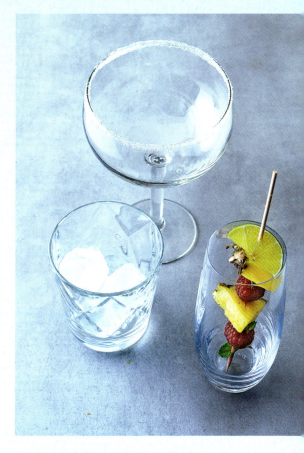

dem Drink die Schau. Für einen Hauch Südsee im Glas sorgt ein Ananaskeil. Dafür von einer ungeschälten Ananas eine Scheibe abschneiden. Die Scheibe dann in Sechstel oder Achtel teilen. So entstehen keilförmige Segmente mit Schale. Die Keile an der Spitze einschneiden und an den Rand des Cocktailglases stecken. Der Klassiker in Sachen Glasdeko ist natürlich die Cocktailkirsche – sie ist vielen aber zu süß. Eine Alternative sind frische Kirschen oder fruchtige Himbeeren.

SPIRITUOSEN, LIKÖRE & CO.

Das ist der Stoff, aus dem die Cocktails sind. Aber die Hausbar muss nicht mit dem kompletten Sortiment bestückt sein. Hauptsache, die Zutaten für die Lieblingsdrinks sind da!

1 WODKA
Die beliebteste Mixspirituose ist aus Getreide oder Kartoffeln gebrannt. Der neutrale Geschmack von Wodka ist perfekt für Fruchtcocktails. Bekannte Marken sind Absolut oder Moskovskaya.

2 GIN
Der Bar-Allrounder eignet sich besonders für erfrischende Aperitifs. Marken wie Bombay Sapphire, Tanqueray oder Hendrick's unterscheiden sich geschmacklich oft erheblich.

3 RUM & CACHAÇA
Beide werden aus Zuckerrohr gebrannt. Weißer Rum eignet sich für leichte Drinks wie z. B. Mojito, brauner Rum verleiht aromatischen Drinks wie z. B. Zombie Kraft. Gut erhältlich sind die Marken Bacardi, Havana Club, Varadero oder Mount Gay.

4 TEQUILA
Der mexikanische Agavenbrand schmeckt pur oder z. B. in einer Margarita. Achten Sie beim Einkauf darauf, dass auf dem Etikett »100 % Agave« steht – wie bei den Marken Sierra oder El Jimador.

5 COGNAC & BRANDY
Beides sind Weinbrände. Der trockenere Cognac kommt aus der französischen Charente, die wärmeren Brandys aus der Gegend um das spanische Jerez. Hochwertige Marken sind Rémy Martin (Frankreich) oder Cardenal Mendoza (Spanien).

6 WHISKEY & WHISKY
Das »e« macht den Unterschied: Whiskey meint amerikanischen oder irischen, Whisky dagegen schottischen. An der Bar spielen vor allem amerikanischer Bourbon und Rye Whiskey eine Rolle. Gut erhältlich sind Jack Daniel's (USA), Ballantine's (Schottland) sowie Tullamore Dew (Irland).

7 WERMUT
Keine Bar kommt ohne Wermut wie z. B. Martini aus. Der gewürzte Wein schmeckt vor allem in Aperitif-Drinks. Zu haben in »rosso« (rot, süß), »bianco« (weiß, mild) und »dry« (weiß, trocken).

8 BITTER-APERITIFS
Italienische Bitter-Aperitifs wie Campari oder Aperol empfehlen sich durch ihre Farbe und durch ihr bitter-fruchtiges Aroma für sommerliche Cocktails.

9 LIKÖRE
Die Welt der Liköre ist bunt. Für die Bar besonders wichtig ist Triple Sec (z. B. Cointreau). Aber auch Crème de Menthe, Cassissée, Chartreuse oder Kirschlikör bringen Farbe und Geschmack.

10 WÜRZ-BITTERS
Diese magischen Tinkturen in den kleinen Flaschen haben es in sich! Gerade Shortdrinks wie der Manhattan sind langweilig ohne einen Spritzer davon. Unverzichtbar für die Heim-Bar ist Angostura Bitter aus Südamerika.

DRINKS FÜR DIE MINI-HAUSBAR

Die Drinks in diesem Kapitel werden mit nur einer Spirituose zubereitet. Damit sind sie der perfekte Einstieg in die Kunst des Mixens! Und das Schöne: Klassiker wie Daiquiri oder Gin Fizz schmecken nicht nur grandios, sie sind auch mit wenigen Zutaten ruck, zuck zubereitet.

CAIPIRINHA

1 Bio-Limette | 3 TL weißer Rohrzucker | 5 cl Cachaça
Außerdem:
Tumbler | Holzstößel | gestoßenes Eis | Barlöffel | Trinkhalm

Brasilianischer Dauerbrenner

Für 1 Tumbler (20 cl) | 5 Min. Zubereitung

1 Die Limette heiß abwaschen, abtrocknen und in Stücke schneiden. Limettenstücke und Rohrzucker in den Tumbler geben und mit dem Holzstößel kräftig zerdrücken.

2 Den Tumbler mit gestoßenem Eis auffüllen. Den Cachaça dazugießen und alles mit dem Barlöffel gründlich umrühren.

3 Das Glas nochmals mit gestoßenem Eis auffüllen und die Caipirinha sofort mit dem Trinkhalm servieren.

MINT JULEP

6 cl Bourbon Whiskey (ersatzweise Brandy) | 1 Barlöffel Zuckersirup (siehe S. 64, ersatzweise Puderzucker) | 2–3 Stängel Minze
Außerdem:
Longdrinkglas | Holzstößel | gestoßenes Eis | Barlöffel | Trinkhalm

Minzige Erfrischung für laue Abende

Für 1 Longdrinkglas (25 cl) | 5 Min. Zubereitung

1 Den Bourbon und den Zuckersirup ins Longdrinkglas geben. Die Minze waschen und trocken schütteln. Von 1 Stängel die Spitze abzupfen und für die Deko beiseitelegen.

2 Die restlichen Minzestängel zwischen den Handflächen leicht andrücken und ebenfalls ins Glas geben. Die Minze mit dem Holzstößel nur leicht zusammendrücken und kurz ziehen lassen.

3 Das Glas dann mit gestoßenem Eis auffüllen und alles mit dem Barlöffel gründlich verrühren. Nochmals etwas Eis nachfüllen und verrühren, bis das Glas vollständig beschlagen ist.

4 Den Drink mit der Minzespitze dekorieren und sofort mit dem Trinkhalm servieren.

TIPP

Juleps sind an heißen Tagen ideale »Erfrischer« – aber hochprozentige! Gerne servieren wir den Drink auch im gefrosteten Metallbecher, denn darin macht er so richtig viel her. Wichtig für Juleps ist vor allem eine aromatische Minze. Wenn Sie Ihren Julep einmal variieren möchten, tauschen Sie den Zuckersirup gegen Vanillesirup und die Minze gegen Zitronenmelisse aus. 1–2 Spritzer Angostura oder Orange Bitter machen den Drink würziger.

WHISKY SODA

5 cl Scotch Whisky (ersatzweise Bourbon Whiskey) | 10–15 cl Sodawasser zum Auffüllen | 1 Zeste von 1 Bio-Orange für die Deko
Außerdem:
Longdrinkglas | Eiswürfel

Prickelnd herb

Für 1 Longdrinkglas (25 cl) | 5 Min. Zubereitung

1 Das Longdrinkglas mit Eiswürfeln füllen. Danach den Whisky hineingießen und nach Geschmack mit Sodawasser auffüllen. Den Drink mit der Orangenzeste dekorieren und sofort servieren.

TIPP
Keine Orange im Haus? Dann schneiden Sie einfach eine Zeste von 1 Bio-Zitrone und dekorieren Sie den Drink damit.

WHISKEY SOUR

5 cl Bourbon Whiskey | 3 cl frisch gepresster Zitronensaft | 2 cl Zuckersirup (siehe S. 64) | 1 Zeste von 1 Bio-Zitrone für die Deko | 1 Cocktailkirsche für die Deko (nach Belieben)
Außerdem:
Shaker | Eiswürfel | Tumbler | Barsieb

Klassiker aus den USA

Für 1 Tumbler (20 cl) | 5 Min. Zubereitung

1 Whiskey, Zitronensaft und Zuckersirup in den Shaker geben und diesen mit Eiswürfeln auffüllen. Den Shaker dann fest verschließen und alles ca. 15 Sek. kräftig schütteln.

2 Den Tumbler mit Eiswürfeln füllen und dann den Inhalt des Shakers durch das Barsieb ins Glas gießen. Den Whiskey Sour mit der Zitronenzeste und nach Belieben mit der Cocktailkirsche dekorieren und sofort servieren.

DRINKS FÜR DIE MINI-HAUSBAR

CAPE CODDER

1 Spalte von 1 Bio-Limette | 5 cl Wodka |
15 cl Cranberrynektar
Außerdem:
Longdrinkglas | Eiswürfel | Barlöffel

Säuerlich erfrischend

Für 1 Longdrinkglas (25 cl) | 5 Min. Zubereitung

1 Das Longdrinkglas mit Eiswürfeln füllen. Den Saft der Limettenspalte ins Glas pressen und die ausgepresste Spalte dann mit ins Glas geben.

2 Den Wodka und den Cranberrynektar dazugießen. Alles mit dem Barlöffel umrühren und den Drink sofort servieren.

VARIANTE SEA BREEZE
Genauso sommerlich-frisch wie der Cape Codder ist der Sea Breeze. Für diesen herberen Drink im eisgefüllten Glas 4 cl Wodka mit 12 cl Cranberrynektar und 3 cl Grapefruitsaft mixen.

TIPP
Roh mögen wir Cranberrys nicht so gern, als Nektar in Drinks dafür umso lieber. Dieser Cocktail wurde in den USA kreiert, wo Cranberrys in großen Mengen angebaut werden.

MOSCOW MULE

1 cl frisch gepresster Limettensaft | 5 cl Wodka | 15 cl Ginger Beer (scharfe Ingwerlimonade, z. B. von Schweppes) | 1 Scheibe Salatgurke für die Deko (ersatzweise 1 Spalte von 1 Bio-Limette)
Außerdem:
Longdrinkglas | Eiswürfel

Spritzig-scharfe Erfrischung

Für 1 Longdrinkglas (25 cl) | 5 Min. Zubereitung

1 Das Longdrinkglas mit Eiswürfeln füllen und den Limettensaft hineingeben.

2 Den Wodka dazugießen und mit dem Ginger Beer auffüllen. Die Gurkenscheibe an den Glasrand stecken und den Drink sofort servieren.

VARIANTE DARK 'N' STORMY
Abwechslung gefällig? Dann tauschen Sie den Wodka doch beim nächsten Mal einfach gegen aromatischen braunen Rum aus. So mixen Sie im Handumdrehen einen Dark 'n' Stormy, das Nationalgetränk der Bermuda-Inseln.

TIPP
Enthält Ginger Beer Alkohol? Ursprünglich ja, weil Ginger Beer früher wirklich gebraut wurde und durch die Fermentation Alkohol entstand. Mittlerweile ist das unter dem Namen Ginger Beer erhältliche Erfrischungsgetränk aber in den meisten Fällen alkoholfrei.

DAIQUIRI

6 cl weißer Rum | 3 cl frisch gepresster Limettensaft | 2 cl Zuckersirup (siehe S. 64)
Außerdem:
Shaker | Eiswürfel | Barsieb | vorgekühlte Cocktailschale

Säuerlich-sommerlich

Für 1 Cocktailschale (20 cl) | 5 Min. Zubereitung

1 Rum, Limettensaft und Zuckersirup in den Shaker geben und mit Eiswürfeln auffüllen. Den Shaker fest verschließen und ca. 15 Sek. kräftig schütteln.

2 Den Inhalt des Shakers durch das Barsieb in die vorgekühlte Cocktailschale gießen und den Cocktail sofort servieren.

VARIANTE AIR MAIL
Im Shaker 5 cl goldenen Rum, 3 cl Limettensaft, 1 cl Orangensaft und 2 cl Waldhonig mischen. Mit Eiswürfeln auffüllen, kräftig schütteln und durch das Barsieb in eine gekühlte Cocktailschale gießen. Mit 5 cl Champagner aufgießen, umrühren und mit Minze dekorieren.

MOJITO

3–4 Stängel Minze | 3 cl frisch gepresster Limettensaft | 2 cl Zuckersirup (siehe S. 64, ersatzweise 2 TL weißer Rohrzucker) | 5 cl weißer Rum | 4 cl Sodawasser zum Auffüllen
Außerdem:
Longdrinkglas | Barlöffel | gestoßenes Eis | Trinkhalm

Minzige Erfrischung

Für 1 Longdrinkglas (25 cl) | 5 Min. Zubereitung

1 Die Minze waschen und trocken schütteln. Von 1 Stängel die Spitze abzupfen und für die Deko beiseitelegen. Die restlichen Stängel zwischen den Handflächen leicht andrücken und ins Longdrinkglas geben. Limettensaft und Zuckersirup dazugießen und mit dem Barlöffel verrühren.

2 Das Glas mit gestoßenem Eis auffüllen. Den Rum hineingießen und alles gründlich verrühren. Mit Sodawasser auffüllen und nochmals vorsichtig umrühren. Den Drink mit der Minzespitze dekorieren und sofort mit dem Trinkhalm servieren.

PIÑA COLADA

1 Scheibe Ananas (ca. 3 cm dick) | 5 cl Kokoscreme (aus Dose oder Packung) | 6 cl weißer Rum | 1 Ananaskeil für die Deko (siehe S. 5) | 1 Cocktailkirsche für die Deko
Außerdem:
großes Cocktailglas | gestoßenes Eis | Standmixer | Trinkhalm

Tropisch-cremiger Verführer

Für 1 großes Cocktailglas (40 cl) | 10 Min. Zubereitung

1 Die Ananasscheibe schälen und den harten Mittelstrunk herausschneiden. Die Scheibe dann in Stücke schneiden.

2 Das Cocktailglas zur Hälfte mit gestoßenem Eis füllen und dieses in den Mixer füllen. Dann Ananasstücke, Kokoscreme und Rum zugeben und alles mindestens 20 Sek. auf höchster Stufe mixen.

3 Die Piña Colada ins Cocktailglas gießen. Mit Ananaskeil und Cocktailkirsche dekorieren und sofort mit dem Trinkhalm servieren.

CUBA LIBRE

½ Bio-Limette | 5 cl weißer kubanischer Rum | 10 – 15 cl Cola zum Auffüllen
Außerdem:
Longdrinkglas | Eiswürfel | Barlöffel | Trinkhalm

Süß-prickelnd

Für 1 Longdrinkglas (25 cl) | 5 Min. Zubereitung

1 Die Limette heiß abwaschen, abtrocknen und in Spalten schneiden. Das Longdrinkglas mit Eiswürfeln füllen. Den Saft der Limettenspalten ins Glas pressen und die ausgepressten Spalten dann mit ins Glas geben.

2 Den Rum dazugießen und den Drink mit Cola nach Geschmack auffüllen. Mit dem Barlöffel vorsichtig umrühren und den Cuba Libre sofort mit dem Trinkhalm servieren.

HUGO

1 Spalte von 1 Bio-Limette | 1 Stängel Minze | 1–2 cl Holunderblütensirup (z. B. von d'arbo) | 4–5 cl Sodawasser | 10 cl Prosecco (ersatzweise trockener Sekt)
Außerdem:
Weißweinglas | Eiswürfel | Barlöffel | Trinkhalm

Prickelnd-blumig

Für 1 Weißweinglas (40 cl) | 5 Min. Zubereitung

1 Das Weißweinglas mit 4–5 Eiswürfeln füllen. Die Limettenspalte hineinpressen und die ausgepresste Spalte mit ins Glas geben.

2 Die Minze waschen und trocken schütteln. Dann den Stängel zwischen den Handflächen leicht andrücken und ebenfalls ins Glas geben. Holunderblütensirup und Sodawasser dazugießen und mit dem Barlöffel vorsichtig umrühren.

3 Den Cocktail mit dem Prosecco auffüllen und nochmals vorsichtig umrühren. Den Hugo sofort mit dem Trinkhalm servieren.

TIPP
Bei der Minze ist Gefühl angesagt: Zerquetschen Sie die zarten Blätter nicht, sonst schmecken sie schnell bitter. Es reicht vollkommen, wenn Sie die ätherischen Öle der Blätter durch sanftes Drücken lösen.

APEROL SPRITZ

4 cl Aperol | 4–5 cl Sodawasser | 10 cl Prosecco (ersatzweise trockener Sekt) | 1 Spalte von 1 Bio-Orange für die Deko
Außerdem:
Weißweinglas | Eiswürfel | Barlöffel | Trinkhalm

Herbe Erfrischung gefällig?

Für 1 Weißweinglas (40 cl) | 5 Min. Zubereitung

1 Das Weißweinglas mit 4–5 Eiswürfeln füllen und den Aperol hineingießen.

2 Das Sodawasser dazugießen, mit dem Prosecco auffüllen und vorsichtig mit dem Barlöffel umrühren. Den Spritz mit der Orangenspalte dekorieren und sofort mit dem Trinkhalm servieren.

VARIANTE CAMPARI SPRITZ
Auch der beste Sommerdrink wird einmal langweilig? Dann ersetzen Sie doch den Aperol einmal durch Campari. Der Campari Spritz ist ein wenig herber, aber mindestens ebenso lecker wie sein bekannter Bruder.

TIPP
Die klassische Version des Aperol Spritz wird übrigens mit trockenem Weißwein statt mit Schaumwein zubereitet. Wenn man so will, ist der Spritz also eigentlich nichts anderes als eine »aufgepeppte« Weinschorle ...

SHERRY COBBLER

1 Handvoll frische Früchte der Saison (z. B. Beeren, Sauerkirschen, Weintrauben, Ananasstücke) | 1 kleiner Stängel Minze | je 2 Spalten Bio-Limette und -Orange | 1 cl Zuckersirup (siehe S. 64) | 6 cl Sherry medium | 3–4 cl Sodawasser zum Auffüllen (nach Belieben)
Außerdem:
großes Cocktailglas | Holzstößel | gestoßenes Eis | Barlöffel | Trinkhalm

Eiskalte Verführung

Für 1 großes Cocktailglas (40 cl) | 5 Min. Zubereitung

1 Die Früchte nach Bedarf verlesen, waschen, entkernen oder schälen. Minze waschen, trocken schütteln und beiseitelegen.

2 Die Limetten- und Orangenspalten mit dem Zuckersirup ins Cocktailglas geben und mit dem Stößel zerdrücken. Dann die Früchte zugeben und ebenfalls leicht andrücken.

3 Das Cocktailglas mit gestoßenem Eis auffüllen und den Sherry hineingießen. Alles mit dem Barlöffel sorgfältig verrühren, bis die Früchte gleichmäßig im Glas verteilt sind. Nach Belieben mit Sodawasser auffüllen. Den Drink mit der Minze dekorieren und sofort mit dem Trinkhalm servieren.

GIN FIZZ

5 cl Gin | 3 cl frisch gepresster Zitronensaft | 2 cl Zuckersirup (siehe S. 64) | 3 – 4 cl Sodawasser zum Auffüllen | 1 Spalte von 1 Bio-Zitrone für die Deko (ersatzweise 1 Zeste von 1 Bio-Zitrone)

Außerdem:
Shaker | Eiswürfel | Longdrinkglas | Barsieb | Barlöffel | Trinkhalm

Belebender Klassiker

Für 1 Longdrinkglas (25 cl) | 5 Min. Zubereitung

1 Den Gin mit Zitronensaft und Zuckersirup in den Shaker geben und diesen mit Eiswürfeln auffüllen. Den Shaker dann fest verschließen und ca. 15 Sek. kräftig schütteln.

2 Das Longdrinkglas mit Eiswürfeln füllen. Den Inhalt des Shakers durch das Barsieb dazugießen.

3 Vorsichtig mit etwas Sodawasser auffüllen und leicht mit dem Barlöffel umrühren. Den Drink mit der Zitronenspalte dekorieren und sofort mit dem Trinkhalm servieren.

TIPP

Dieser Drink ist Ihnen zu langweilig? Dann nichts wie ran an den Shaker! Es gibt unzählige Möglichkeiten, den Gin Fizz interessanter zu gestalten: Orangensaft statt Zitronensaft macht ihn milder. Wer es lieber blumig mag, ersetzt den Zuckersirup durch Holunderblütensirup oder Lavendelsirup (siehe S. 64). Und für etwas mehr Fruchtgeschmack tauschen Sie den Zuckersirup gegen Fruchtlikör (z. B. Chambord oder Peachtree) aus. Aber Vorsicht, dadurch steigt der Alkoholgehalt des Drinks!

GIN BASIL SMASH

½ Bio-Zitrone | 10 – 15 Basilikumblätter | 2 cl Zuckersirup (siehe S. 64) | 6 cl Gin
Außerdem:
Shaker | Holzstößel | Eiswürfel | Tumbler | Barsieb | Teesieb

Pesto zum Trinken

Für 1 Tumbler (20 cl) | 5 Min. Zubereitung

1 Die Zitrone heiß abwaschen, abtrocknen und in Stücke schneiden. Basilikumblätter waschen und trocken tupfen, 1 Blatt für die Deko beiseitelegen. Zitronenstücke, restliche Basilikumblätter und Zuckersirup in den Shaker geben und mit dem Stößel kräftig zerdrücken. Den Gin dazugießen und mit Eiswürfeln auffüllen. Den Shaker dann fest verschließen und ca. 15 Sek. kräftig schütteln.

2 Den Tumbler mit Eiswürfeln füllen und den Inhalt des Shakers doppelt durch Barsieb und Teesieb ins Glas gießen. Den Drink mit dem übrigen Basilikumblatt dekorieren und sofort servieren.

GIN & TONIC

1 Spalte von 1 Bio-Limette (nach Belieben) | 5 cl Gin | 15 cl Tonic Water zum Auffüllen
Außerdem:
Longdrinkglas | Eiswürfel | Barlöffel

Very, very British

Für 1 Longdrinkglas (25 cl) | 5 Min. Zubereitung

1 Das Longdrinkglas mit Eiswürfeln füllen und nach Belieben die Limettenspalte hineinpressen.

2 Den Gin dazugießen und mit dem Tonic Water auffüllen. Den Drink mit dem Barlöffel umrühren und sofort servieren.

TIPP
Nicht allein die Wahl des Gins bestimmt die Richtung dieses Drinks. Probieren Sie auch verschiedene Tonic Waters. Das Angebot an hochwertigen Bitterlimonaden ist mittlerweile in Supermärkten und Getränkehandlungen recht groß geworden. Hier finden Sie Marken wie Fever Tree, Fentimans, Gents oder 1724.

NIMM ZWEI!

Haben Sie Lust auf eine herbe Margarita oder einen fruchtigen Punch? Wie gut, dass man für diese und viele andere Cocktails nur jeweils zwei verschiedene Spirituosen braucht. Ob zur Party oder als Einstimmung aufs Wochenende: Fix gerührt und lässig geschüttelt verwandeln diese Drinks Ihr Wohnzimmer in eine coole Lounge …

MARGARITA

2–3 TL Salz | 1 Viertel von 1 Bio-Zitrone | 5 cl weißer Tequila | 3 cl frisch gepresster Limettensaft | 2 cl Triple Sec (z. B. Cointreau)
Außerdem:
vorgekühlte Cocktailschale | Shaker | Eiswürfel | Barsieb | Teesieb

Herbwürziger Klassiker

Für 1 Cocktailschale (20 cl) | 5 Min. Zubereitung

1 Zuerst für den Salzrand das Salz auf einen flachen, kleinen Teller geben. Dann mit dem Zitronenviertel am äußeren Rand der vorgekühlten Cocktailschale entlangfahren.

2 Den angefeuchteten Rand Stück für Stück in das Salz tupfen, bis ein Salzrand entsteht. Zuletzt von oben auf den Fuß des Glases klopfen und überschüssiges Salz abschütteln.

3 Für die Margarita Tequila, Limettensaft und Triple Sec in den Shaker geben und diesen mit Eiswürfeln auffüllen. Den Shaker fest verschließen und ca. 15 Sek. kräftig schütteln.

4 Den Inhalt des Shakers doppelt durch Barsieb und Teesieb in die Cocktailschale mit dem Salzrand gießen. Den Cocktail sofort servieren.

TIPP

Ein Showgirl namens Margarita inspirierte einen mexikanischen Barkeeper angeblich einst zu diesem Cocktail. Klassisch wird er mit Salzrand serviert, doch viele trinken ihre Margarita lieber ohne. Fragen Sie Ihre Gäste also vor der Zubereitung. Und Vorsicht: Das Salz darf nur an der Außenseite des Glases haften, sonst ist schnell der ganze Cocktail versalzen.

COSMOPOLITAN

4 cl Zitronenwodka (z. B. Absolut Citron) | 2 cl Triple Sec (z. B. Cointreau) | 1 cl frisch gepresster Limettensaft | 4 cl Cranberrynektar | 1 Zeste von 1 Bio-Orange
Außerdem:
Shaker | Eiswürfel | Barsieb | Teesieb | vorgekühlte Cocktailschale

Auf uns!

Für 1 Cocktailschale (20 cl) | 5 Min. Zubereitung

1 Zitronenwodka, Triple Sec, Limettensaft und Cranberrynektar in den Shaker geben und diesen mit Eiswürfeln auffüllen. Den Shaker fest verschließen und ca. 15 Sek. kräftig schütteln.

2 Den Inhalt des Shakers anschließend doppelt durch Barsieb und Teesieb in die vorgekühlte Cocktailschale gießen.

3 Die Orangenzeste über dem Glas leicht knicken, damit sie ihre ätherischen Öle auf dem Cocktail verströmt. Die Zeste dann mit ins Glas geben und den Cocktail sofort servieren.

TIPP

Fast noch ein Jungspund unter den Cocktails! Erst in den 1980er-Jahren wurde der Cosmopolitan in New York kreiert. Seinen wahren Boom erlebte er aber in den 1990ern, als ihn die vier Freundinnen aus der Serie »Sex and the City« zu ihrem Lieblingsdrink erkoren.

WHITE RUSSIAN

4 cl Wodka | 3 cl Kaffeelikör (z. B. Kahlúa) | 5–6 cl Sahne | 1 Kaffeebohne für die Deko
Außerdem:
Tumbler | Eiswürfel | Barlöffel | Shaker oder Handrührgerät

Aromatisch süß

Für 1 Tumbler (20 cl) | 5 Min. Zubereitung

1 Den Tumbler mit Eiswürfeln füllen. Wodka und Kaffeelikör dazugießen und mit dem Barlöffel verrühren, bis das Glas beschlägt.

2 Die Sahne in den Shaker gießen. Diesen fest verschließen und kurz und kräftig schütteln, bis die Sahne dickflüssig ist. Alternativ die Sahne mit dem Handrührgerät kurz aufschlagen.

3 Die halbsteife Sahne vorsichtig auf den Drink fließen lassen, sodass zwei Schichten entstehen. Die Sahneschicht mit der Kaffeebohne dekorieren und den Cocktail sofort servieren.

TIPP
Klassisch wird dieser Cocktail mit leicht angeschlagener Sahne serviert. Viele Bars bereiten ihn jedoch auch mit Milch zu. Die verrührt man einfach mit den anderen Zutaten, Schichten entstehen dabei keine. So gemixt schmeckt der Cocktail etwas milder, probieren Sie aus, was Sie lieber mögen.

RUSSIAN SPRING PUNCH

1 EL frische Beeren (siehe Tipp) | 1 Stängel Minze | 3 cl Wodka | 0,5 cl Crème de Cassis (Schwarzer Johannisbeerlikör) | 2 cl frisch gepresster Zitronensaft | 0,5 cl Zuckersirup (siehe S. 64) | 6 cl Champagner (ersatzweise trockener Sekt) | 1 Scheibe von 1 Bio-Zitrone
Außerdem:
Shaker | Eiswürfel | Longdrinkglas | gestoßenes Eis | Barsieb | Barlöffel | Trinkhalm

Frühlingshaft und perlend

Für 1 Longdrinkglas (25 cl) | 5 Min. Zubereitung

1 Die Beeren nach Bedarf verlesen oder waschen und von den Rispen streifen. Die Minze waschen, trocken schütteln und für die Deko beiseitelegen.

2 Wodka, Crème de Cassis, Zitronensaft und Zuckersirup in den Shaker geben und diesen mit Eiswürfeln auffüllen. Den Shaker fest verschließen und ca. 15 Sek. kräftig schütteln.

3 Das Longdrinkglas zur Hälfte mit gestoßenem Eis füllen. Den Inhalt des Shakers durch das Barsieb ins Glas gießen und mit Champagner auffüllen. Die Zitronenscheibe ins Glas geben und vorsichtig mit dem Barlöffel umrühren. Die Beeren auf das Eis legen, den Drink mit der Minze dekorieren und sofort mit dem Trinkhalm servieren.

TIPP

Für diesen fruchtigen Punch benötigen Sie aromatische blaue und rote Beeren. Am besten schmecken die Sorten, die gerade Saison haben. Besonders gut passen hier Brombeeren, Heidelbeeren und Johannisbeeren.

APPLE MARTINI

4 cl Wodka | 2 cl Apfellikör (klar oder trüb) | 2 cl frisch gepresster Zitronensaft | 1 dünne Spalte von 1 grünen Bio-Apfel | Zitronensaft zum Bestreichen
Außerdem:
Shaker | Eiswürfel | Barsieb | vorgekühlter Martinikelch

Moderner Evergreen

Für 1 Martinikelch (15 cl) | 5 Min. Zubereitung

1 Wodka mit Apfellikör und Zitronensaft in den Shaker geben und diesen mit Eiswürfeln auffüllen. Den Shaker dann fest verschließen und ca. 15 Sek. kräftig schütteln.

2 Den Inhalt des Shakers durch das Barsieb in den vorgekühlten Martinikelch gießen. Die Apfelspalte mit Zitronensaft bestreichen und an den Glasrand stecken. Den Drink sofort servieren.

ESPRESSO MARTINI

4 cl Wodka (ersatzweise Gin) | 1 cl Kaffeelikör (z. B. Kahlúa) | 1 cl Zuckersirup (siehe S. 64) | 1 frisch gebrühter Espresso
Außerdem:
Shaker | Eiswürfel | Barsieb | vorgekühlter Martinikelch

Muntermacher

Für 1 Martinikelch (15 cl) | 5 Min. Zubereitung

1 Wodka, Kaffeelikör und Zuckersirup in den Shaker geben und diesen mit Eiswürfeln auffüllen. Den heißen Espresso über das Eis gießen. Den Shaker fest verschließen und ca. 15 Sek. kräftig schütteln.

2 Den Inhalt des Shakers durch das Barsieb in den vorgekühlten Martinikelch gießen. Den Drink sofort servieren.

TIPP

Ob Sie den Espresso Martini lieber mit Wodka oder mit Gin mixen, bleibt Ihnen überlassen. Wodka betont das Aroma des Kaffees, Gin dagegen verleiht dem Drink zusätzliche Frische.

FRENCH MARTINI

5 cl Wodka | 1,5 cl Chambord (franz. Beerenlikör) | 4,5 cl Ananassaft | 1 Ananaskeil für die Deko (siehe S. 5)
Außerdem:
Shaker | Eiswürfel | Barsieb | vorgekühlter Martinikelch

Fruchtig süß

Für 1 Martinikelch (15 cl) | 5 Min. Zubereitung

1 Wodka zusammen mit Chambord und Ananassaft in den Shaker geben und diesen mit Eiswürfeln auffüllen. Den Shaker fest verschließen und ca. 15 Sek. kräftig schütteln.

2 Den Inhalt des Shakers durch das Barsieb in den vorgekühlten Martinikelch gießen. Den Ananaskeil leicht einschneiden und an den Glasrand stecken. Den Drink sofort servieren.

BREAKFAST MARTINI

4 cl Gin | 1 cl Triple Sec (z. B. Cointreau) | 2 cl frisch gepresster Zitronensaft | 2 Barlöffel Orangenmarmelade mit Schalenstücken | 1 Zeste von 1 Bio-Orange
Außerdem:
Shaker | Eiswürfel | Barsieb | Teesieb | vorgekühlter Martinikelch

Kräftig-herber Weckruf

Für 1 Martinikelch (15 cl) | 5 Min. Zubereitung

1 Gin zusammen mit Triple Sec, Zitronensaft und Marmelade in den Shaker geben und diesen mit Eiswürfeln auffüllen. Den Shaker fest verschließen und ca. 15 Sek. kräftig schütteln.

2 Den Inhalt des Shakers doppelt durch Barsieb und Teesieb in den vorgekühlten Martinikelch gießen. Die Orangenzeste über dem Glas leicht knicken, damit sie ihre ätherischen Öle auf dem Drink verströmt. Die Zeste dann mit ins Glas geben und den Drink sofort servieren.

RHUBARB MINT COOLER

4 cl Gin | 3 cl frisch gepresster Limettensaft | 1 cl Aperol | 2 cl Rhabarbersirup (siehe S. 64) | 2 Stängel Minze | 3–4 cl Sodawasser zum Auffüllen | 1 Rhabarberstick (siehe Tipp)
Außerdem:
Shaker | Eiswürfel | Longdrinkglas | Barsieb | Teesieb | Barlöffel | Trinkhalm

Sommerlich frisch

Für 1 Longdrinkglas (25 cl) | 5 Min. Zubereitung

1 Gin, Limettensaft, Aperol und Rhabarbersirup in den Shaker geben. Die Minze waschen und trocken schütteln. Von 1 Stängel die Spitze abzupfen und für die Deko beiseitelegen. Die restlichen Stängel zwischen den Handflächen leicht andrücken und ebenfalls in den Shaker geben. Den Shaker mit Eiswürfeln auffüllen, fest verschließen und ca. 15 Sek. kräftig schütteln.

2 Das Longdrinkglas mit Eiswürfeln füllen und den Inhalt des Shakers doppelt durch Barsieb und Teesieb hineingießen. Mit Sodawasser auffüllen und mit dem Barlöffel vorsichtig umrühren. Den Drink mit dem Rhabarberstick und der Minzespitze dekorieren. Sofort mit dem Trinkhalm servieren.

TIPP
Für Rhabarbersticks 1 Stange Rhabarber waschen und längs halbieren. Die Hälften passend zuschneiden.

OLD FASHIONED

6 cl Rye Whiskey (siehe S. 44) | 1 Barlöffel Zuckersirup (siehe S. 64) | 1–2 Spritzer Angostura Bitter | je 1 Zeste von 1 Bio-Zitrone und Bio-Orange | 1 Cocktailkirsche für die Deko
Außerdem:
Tumbler | Barlöffel | Eiswürfel

Für Cowboys mit Stil

Für 1 Tumbler (20 cl) | 5 Min. Zubereitung

1 Whiskey, Zuckersirup und Angostura in den Tumbler geben und mit dem Barlöffel verrühren. Den Tumbler dann mit Eiswürfeln auffüllen und alles 30–40 Sek. verrühren, bis das Glas beschlägt und genügend Schmelzwasser entstanden ist.

2 Das Glas erneut mit Eiswürfeln auffüllen und nochmals kurz verrühren. Beide Zitruszesten über dem Glas leicht knicken, damit sie ihre ätherischen Öle auf dem Drink verströmen. Die Zesten dann mit ins Glas geben. Den Drink mit der Cocktailkirsche dekorieren und sofort servieren.

TIPP

Mit den vier Zutaten Spirituose, Zucker, Bitter und Eis repräsentiert der Old Fashioned das klassische Cocktailrezept schlechthin. Und das lässt sich prima variieren: Sie lieben Rum? Dann probieren Sie die Kombination aus altem braunem Rum, braunem Zuckersirup und Kirschbitter. Mexikofans mixen sich einen Tequila Old Fashioned aus gereiftem Tequila, 1 Barlöffel Honig und einigen Spritzern Schokoladenbitter. Doch egal, welche Ihre Lieblingskombi ist – wichtig ist, dass der Drink mit viel Eis zubereitet und lange gerührt wird. Nur so entsteht genügend Schmelzwasser.

HORSE'S NECK

1 lange Zeste von 1 Bio-Zitrone | 1–2 Spritzer Angostura Bitter | 5 cl Brandy (ersatzweise Bourbon Whiskey) | 15 cl Ginger Ale zum Auffüllen
Außerdem:
Longdrinkglas | Eiswürfel | Barlöffel

Vergessener Klassiker

Für 1 Longdrinkglas (25 cl) | 5 Min. Zubereitung

1 Das Longdrinkglas mit Eiswürfeln füllen und die Zitronenzeste hineingeben.

2 Den Angostura Bitter ebenfalls ins Glas geben. Den Brandy dazugießen und das Glas mit Ginger Ale auffüllen.

3 Alles vorsichtig mit dem Barlöffel verrühren und den Drink sofort servieren.

TIPP

Dieser Drink schmeckt auch mit Gin, Wodka oder braunem Rum ganz hervorragend. Wichtig sind in jedem Fall die Würze durch den Angostura Bitter und die Frische durch die Zitronenzeste. Experimentieren Sie ruhig ein wenig, bis Sie Ihre Lieblingsvariante dieses erfrischenden Klassikers gefunden haben.

OLD CUBAN

5–6 Minzeblätter | 5 cl brauner oder goldener kubanischer Rum | 3 cl frisch gepresster Limettensaft | 2 cl Zuckersirup (siehe S. 64) | 1 Spritzer Angostura Bitter | 6 cl eiskalter Champagner (ersatzweise trockener Sekt) | ½ Vanilleschote
Außerdem:
Shaker | Eiswürfel | Barsieb | Teesieb | vorgekühlte Cocktailschale

Aromatisch, frisch und prickelnd

Für 1 Cocktailschale (20 cl) | 5 Min. Zubereitung

1 Die Minzeblätter waschen und trocken tupfen. Die Blätter mit Rum, Limettensaft, Zuckersirup und Angostura in den Shaker geben und diesen mit Eiswürfeln auffüllen. Den Shaker dann fest verschließen und ca. 15 Sek. kräftig schütteln.

2 Den Inhalt des Shakers doppelt durch Barsieb und Teesieb in die vorgekühlte Cocktailschale gießen. Mit Champagner auffüllen, die Vanilleschote ins Glas geben und sofort servieren.

FLORIDITA DAIQUIRI

5 cl weißer Rum | 2 cl frisch gepresster Limettensaft | 3 cl frisch gepresster rosa Grapefruitsaft | 1 cl Maraschino (trockener Kirschlikör) | 1 cl Zuckersirup (siehe S. 64) | 1 Zeste von 1 Bio-Grapefruit
Außerdem:
Shaker | Eiswürfel | Barsieb | Teesieb | vorgekühlte Cocktailschale

Hemingways Liebling

Für 1 Cocktailschale (20 cl) | 5 Min. Zubereitung

1 Rum, Limettensaft, Grapefruitsaft, Maraschino und Zuckersirup in den Shaker geben. Den Shaker mit Eiswürfeln auffüllen, dann fest verschließen und ca. 15 Sek. kräftig schütteln.

2 Den Inhalt des Shakers doppelt durch Barsieb und Teesieb in die vorgekühlte Cocktailschale gießen. Die Grapefruitzeste über dem Glas leicht knicken, damit sie ihre ätherischen Öle auf dem Drink verströmt. Die Zeste dann mit ins Glas geben und den Cocktail sofort servieren.

PLANTER'S PUNCH

1 Stängel Minze | 7 cl kräftiger Jamaikarum | 3 cl frisch gepresster Limettensaft | 1,5 cl frisch gepresster Zitronensaft | 1,5 cl Granatapfelsirup (z. B von d'arbo) | 1 cl Zuckersirup (siehe S. 64) | 2 Spritzer Angostura Bitter | 6 cl Ananassaft | 1 Ananaskeil für die Deko (siehe S. 5)
Außerdem:
Shaker | Eiswürfel | großes Cocktailglas | gestoßenes Eis | Barsieb

Vorsicht, stark!

Für 1 großes Cocktailglas (40 cl) | 5 Min. Zubereitung

1 Die Minze waschen, trocken schütteln und beiseitelegen. Rum, Limettensaft, Zitronensaft, beide Sirupe, Angostura und Ananassaft in den Shaker geben. Diesen mit Eiswürfeln auffüllen, fest verschließen und ca. 15 Sek. kräftig schütteln.

2 Das Cocktailglas halb mit gestoßenem Eis füllen und den Inhalt des Shakers durch das Barsieb hineingießen. Den Drink mit dem Ananaskeil und der Minze dekorieren und sofort servieren.

HURRICANE

1 Stängel Minze | 5 cl goldener Rum | 2 cl hochprozentiger brauner Rum (z. B. Old Pascas) | je 2 cl frisch gepresster Limetten- und Orangensaft | 2 cl Maracujasirup | 4 cl Ananassaft | je 1 Ananaskeil (siehe S. 5) und 1 Cocktailkirsche für die Deko
Außerdem:
Shaker | Eiswürfel | großes Cocktailglas | gestoßenes Eis | Barsieb | Trinkhalm

Der pustet durch!

Für 1 großes Cocktailglas (40 cl) | 5 Min. Zubereitung

1 Die Minze waschen, trocken schütteln und beiseitelegen. Beide Rumsorten, Limetten- und Orangensaft, Sirup und Ananasaft in den Shaker geben. Diesen mit Eiswürfeln auffüllen, fest verschließen und ca. 15 Sek. kräftig schütteln.

2 Das Glas halb mit gestoßenem Eis füllen und den Inhalt des Shakers durch das Barsieb dazugießen. Den Cocktail mit Minze, Ananas und Kirsche dekorieren. Sofort mit dem Trinkhalm servieren.

CREMIGER PRINCE

1 Stängel Minze | 4 cl weißer Tequila | 2 cl Licor 43 (spanischer Vanillelikör, ersatzweise Galliano Vanilla) | 2 cl frisch gepresster Zitronensaft | 2 cl Sahne | 8 cl Maracujanektar | ½ reife Maracuja für die Deko
Außerdem:
Shaker | Eiswürfel | großes Cocktailglas | gestoßenes Eis | Barsieb | Trinkhalm

Betörend cremig

Für 1 großes Cocktailglas (40 cl) | 5 Min. Zubereitung

1 Die Minze waschen, trocken schütteln und beiseitelegen. Tequila, Likör, Zitronensaft, Sahne und Maracujanektar in den Shaker geben und diesen mit Eiswürfeln auffüllen. Den Shaker fest verschließen und ca. 15 Sek. kräftig schütteln.

2 Das Cocktailglas zur Hälfte mit gestoßenem Eis füllen. Den Inhalt des Shakers dann durch das Barsieb in das Glas gießen.

3 Die Maracujahälfte auf das Eis legen, den Cocktail mit der Minze dekorieren und sofort mit dem Trinkhalm servieren.

TIPP
Vielleicht kennen Sie den Licor 43 ja aus dem letzten Spanienurlaub. »Licor Mirabilis« hieß er ursprünglich. Seinen heutigen Namen verdankt der Likör mit dem feinen Vanillearoma den 43 Zutaten, aus denen er noch immer nach einem altem Rezept hergestellt wird.

GOLDEN CADILLAC

4 cl Galliano Vanilla (italienischer Vanillelikör) | 2 cl weißer Kakaolikör (z. B. De Kuyper Crème de Cacao White) | 3 cl frisch gepresster Orangensaft | 2 cl Sahne
Außerdem:
Shaker | Eiswürfel | Barsieb | Teesieb | vorgekühlte Cocktailschale

Cremig-süßer Dessertcocktail

Für 1 Cocktailschale (20 cl) | 5 Min. Zubereitung

1 Galliano, Kakaolikör, Orangensaft und Sahne in den Shaker geben und diesen mit Eiswürfeln auffüllen. Den Shaker dann fest verschließen und ca. 15 Sek. kräftig schütteln.

2 Den Inhalt des Shakers doppelt durch Barsieb und Teesieb in die vorgekühlte Cocktailschale gießen. Den Cocktail sofort servieren.

VARIANTE GOLDEN DREAM
Bei diesem sanften Cocktail tauschen wir den Kakaolikör auch gerne mal gegen Orangenlikör (z. B. Grand Marnier) aus. So mixen wir einen fruchtig-cremigen Golden Dream.

TIPP
Weißer Kakaolikör wird auch als »Crème de Cacao« bezeichnet. Er ist zwar weder weiß noch enthält er Sahne, aber der farblose Likör ist von verführerisch cremiger Konsistenz.

MIXEN FÜR FORTGESCHRITTENE

Wie wär's mit einem vollmundigen Mai Tai zur Barbecue-Party? Oder einem anregenden Aviation vor dem Dinner? Die Drinks in diesem Kapitel sind eher was für fortgeschrittene Heim-Barkeeper. Denn bei mehr als zwei Spirituosen kommt es auf Genauigkeit beim Mixen an, nur so lässt sich die Balance zwischen den Zutaten halten. Dafür aber werden Sie mit absoluten Highlights der Cocktailkunst belohnt.

MAI TAI

1 kleiner Stängel Minze | 4 cl brauner Rum | 2 cl hochprozentiger brauner Rum (z. B. Old Pascas 73 Vol.-%) | 2 cl Triple Sec (z. B. Cointreau) | 2 cl Orgeat (Mandelsirup) | 1 cl Zuckersirup (siehe S. 64) | 4 cl frisch gepresster Limettensaft | 1 Cocktailkirsche für die Deko
Außerdem:
Shaker | Eiswürfel | großes Cocktailglas | gestoßenes Eis | Barsieb | Trinkhalm

Tropischer Geniestreich

Für 1 großes Cocktailglas (40 cl) | 5 Min. Zubereitung

1 Die Minze waschen, trocken schütteln und für die Deko beiseitelegen. Beide Rumsorten, Triple Sec, Orgeat, Zuckersirup und Limettensaft in den Shaker geben. Den Shaker mit Eiswürfeln auffüllen, fest verschließen und ca. 15 Sek. kräftig schütteln.

2 Das Cocktailglas zur Hälfte mit gestoßenem Eis füllen und den Inhalt des Shakers durch das Barsieb ins Glas gießen. Den Minzestängel ins Eis stecken und den Cocktail mit der Cocktailkirsche dekorieren. Sofort mit dem Trinkhalm servieren.

TIPP
Dieser kräftige Tiki-Drink lässt sich noch interessanter gestalten: Dafür den hochprozentigen Rum nicht in den Shaker geben, sondern nach dem Abgießen langsam auf das gestoßene Eis fließen lassen. Im Barjargon heißt das »floaten«. Der Rum bleibt so an der Oberfläche, und man genießt beim Trinken sein volles Aroma.

ZOMBIE

1 kleiner Stängel Minze | 4 cl brauner Rum | 2 cl hochprozentiger brauner Rum (z.B. Old Pascas 73 Vol.-%) | 2 cl Kirschlikör (ersatzweise Apricot Brandy) | 3 cl frisch gepresster Zitronensaft | 1 cl Granatapfelsirup (z. B. von d'arbo) | 4 cl frisch gepresster Orangensaft | 4 cl Ananassaft | 1 Spalte von 1 Bio-Orange für die Deko

Außerdem:
Shaker | Eiswürfel | großes Cocktailglas | gestoßenes Eis | Barsieb | Trinkhalm

Vorsicht, sehr gehaltvoll!

Für 1 großes Cocktailglas (40 cl) | 5 Min. Zubereitung

1 Die Minze waschen, trocken schütteln und für die Deko beiseitelegen. Beide Rumsorten, Likör, Zitronensaft, Granatapfelsirup, Orangensaft und Ananassaft in den Shaker geben. Den Shaker mit Eiswürfeln auffüllen, dann fest verschließen und ca. 15 Sek. kräftig schütteln.

2 Das Cocktailglas zur Hälfte mit gestoßenem Eis füllen und den Inhalt des Shakers durch das Barsieb hineingießen. Den Minzestängel ins Glas stecken und den Cocktail mit der Orangenspalte dekorieren. Sofort mit dem Trinkhalm servieren.

TIPP

Hochprozentiger brauner Rum wird in der Regel nur als Mixzutat an der Bar verwendet. Wie der Name schon sagt, hat er einen hohen Alkoholgehalt von mindestens 70 Vol.-%. Gut erhältlich sind Old Pascas und Bacardi 151. Eine Alternative dazu sind Stroh 60 oder Stroh 80.

MANHATTAN

1–2 Spritzer Angostura Bitter | 2 cl roter Wermut (z. B. Martini rosso) | 4 cl Rye Whiskey (ersatzweise Bourbon Whiskey, siehe Tipp) | 1 Cocktailkirsche für die Deko (ersatzweise 1 Zeste von 1 Bio-Orange)
Außerdem:
Rührglas | Eiswürfel | Barlöffel | Barsieb | vorgekühlter Martinikelch

Würziger Klassiker mit Stil

Für 1 Martinikelch (15 cl) | 5 Min. Zubereitung

1 Das Rührglas mit Eiswürfeln füllen. Angostura, Wermut und Whiskey hineingeben und alles mit dem Barlöffel ca. 30 Sek. verrühren, bis das Rührglas vollständig beschlagen ist.

2 Den Inhalt des Rührglases durch das Barsieb in den vorgekühlten Martinikelch gießen und mit der Kirsche dekorieren. Alternativ die Orangenzeste über dem Glas leicht knicken, damit sie ihre ätherischen Öle auf dem Drink verströmt. Die Zeste dann mit ins Glas geben. Den Cocktail sofort servieren.

TIPP

Der Manhattan ist eine Ikone der klassischen Cocktailkunst – und er hat viele Liebhaber. Dieser Drink wird oftmals auch mit Bourbon zubereitet, aber besser passt der würzigere und weniger süße Rye Whiskey (aus Roggen gebrannt). Diese amerikanische Whiskeysorte finden Sie in gut sortierten Supermärkten oder in Weinfachgeschäften.

BLOOD AND SAND

2 cl Scotch Whisky (z. B. Ballantine's) | 2 cl Kirschlikör (z. B. Heering) | 2 cl roter Wermut (z. B. Martini rosso) | 2 cl frisch gepresster Orangensaft
Außerdem:
Shaker | Eiswürfel | Barsieb | Teesieb | vorgekühlte Cocktailschale

Rauchig-fruchtig

Für 1 Cocktailschale (20 cl) | 5 Min. Zubereitung

1 Whisky, Likör, Wermut und Orangensaft in den Shaker geben und diesen mit Eiswürfeln auffüllen. Den Shaker dann fest verschließen und ca. 15 Sek. kräftig schütteln.

2 Den Inhalt des Shakers doppelt durch Barsieb und Teesieb in die vorgekühlte Cocktailschale gießen. Den Cocktail sofort servieren.

TIPP
Woher dieser Cocktail wohl seinen ungewöhnlichen Namen hat? Die Antwort: Er ist nach dem gleichnamigen erfolgreichen Schwarz-Weiß-Film mit Rudolph Valentino aus den 1920er-Jahren benannt. Die deutsche Fassung »König der Toreros« dagegen hat es nicht geschafft, Namenspate für einen Drink zu werden.

DRY MARTINI COCKTAIL

6 cl Gin | 1 cl trockener weißer Wermut (z. B. Noilly Prat) | 1 Spritzer Orange Bitter | 1 grüne Olive mit Stein in Salzlake für die Deko (ersatzweise 1 Zeste von 1 Bio-Zitrone)
Außerdem:
Rührglas | Eiswürfel | Barlöffel | Barsieb | vorgekühlter Martinikelch

Klassiker – unbedingt gerührt!

Für 1 Martinikelch (15 cl) | 5 Min. Zubereitung

1 Das Rührglas mit Eiswürfeln füllen. Gin, Wermut und Orange Bitter hineingeben und mit dem Barlöffel ca. 30 Sek. verrühren, bis das Rührglas vollständig beschlagen ist.

2 Den Inhalt des Rührglases dann durch das Barsieb in den vorgekühlten Martinikelch gießen. Die Olive dazugeben und den Cocktail sofort servieren.

TIPP

Was ist ein »richtiger« Martini? Eine beliebte Streitfrage! Manche Gäste an der Bar bevorzugen ihn mit mehr Wermut und Zitronenzeste. Liebhaber extrem trockener Cocktails dagegen »parfümieren« ihren Dry Martini nur mit Wermut. Dafür zuerst Wermut und Bitter auf das Eis ins Rührglas geben und kurz umrühren. Abgießen, den Gin auf das aromatisierte Eis gießen und verrühren, bis das Glas beschlägt.

CLARIDGE COCKTAIL

3 cl Gin | 2 cl trockener weißer Wermut (z. B. Noilly Prat) | 1,5 cl Triple Sec (z. B. Cointreau) | 1 cl Apricot Brandy | 1 Zeste von 1 Bio-Orange
Außerdem:
Rührglas | Eiswürfel | Barlöffel | Barsieb | vorgekühlter Martinikelch

Fruchtig, aber dennoch trocken

Für 1 Martinikelch (15 cl) | 5 Min. Zubereitung

1 Das Rührglas mit Eiswürfeln füllen. Gin, Wermut, Triple Sec und Apricot Brandy hineingeben und mit dem Barlöffel ca. 20 Sek. verrühren, bis das Rührglas beschlagen ist.

2 Den Inhalt des Rührglases durch das Barsieb in den vorgekühlten Martinikelch gießen. Die Orangenzeste über dem Glas leicht knicken, damit sie ihre ätherischen Öle auf dem Cocktail verströmt. Die Zeste dann mit ins Glas geben und den Cocktail sofort servieren.

AVIATION

4 cl Gin | 2 cl Maraschino (trockener Kirschlikör) | 3 cl frisch gepresster Zitronensaft | 1 Barlöffel Crème de Violette (Veilchenlikör, z. B. von The Bitter Truth) | 1 Cocktailkirsche für die Deko
Außerdem:
Shaker | Eiswürfel | Barsieb | Teesieb | vorgekühlte Cocktailschale

Floral und erfrischend

Für 1 Cocktailschale (20 cl) | 5 Min. Zubereitung

1 Gin, Maraschino, Zitronensaft und Crème de Violette in den Shaker geben und diesen mit Eiswürfeln auffüllen. Den Shaker dann fest verschließen und ca. 15 Sek. kräftig schütteln.

2 Den Inhalt des Shakers doppelt durch Barsieb und Teesieb in die vorgekühlte Cocktailschale gießen. Die Kirsche als Deko ins Glas geben und den Cocktail sofort servieren.

NEGRONI

3 cl Gin | 3 cl roter Wermut (z. B. Antica Formula) | 3 cl Campari | 1 Zeste von 1 Bio-Orange
Außerdem:
Tumbler | Eiswürfel | Barlöffel

Herb-süßer Gruß aus Florenz

Für 1 Tumbler (20 cl) | 5 Min. Zubereitung

1 Den Tumbler mit Eiswürfeln füllen. Gin, Wermut und Campari hineingeben und mit dem Barlöffel ca. 20 Sek. verrühren, bis das Glas beschlagen ist.

2 Die Orangenzeste über dem Glas leicht knicken, damit sie ihre ätherischen Öle auf dem Drink verströmt. Die Zeste dann mit ins Glas geben und den Drink sofort servieren.

VARIANTE AMERICANO
Ein Longdrinkglas mit Eiswürfeln füllen. Je 3 cl roten Wermut und Campari hineingeben und umrühren. Mit 10 – 15 cl Sodawasser auffüllen und erneut umrühren. 1 Orangenzeste über dem Glas knicken, dann mit hineingeben.

LAST WORD

3 cl Gin | 2 cl Maraschino (trockener Kirschlikör) | 2 cl grüner Chartreuse (franz. Klosterlikör) | 2 cl frisch gepresster Limettensaft
Außerdem:
Shaker | Eiswürfel | Barsieb | Teesieb | vorgekühlte Cocktailschale

Würzig und frisch

Für 1 Cocktailschale (20 cl) | 5 Min. Zubereitung

1 Gin, Maraschino, Chartreuse und Limettensaft in den Shaker geben und diesen mit Eiswürfeln auffüllen. Den Shaker dann fest verschließen und ca. 15 Sek. kräftig schütteln.

2 Den Inhalt des Shakers doppelt durch Barsieb und Teesieb in die vorgekühlte Cocktailschale gießen. Den Cocktail sofort servieren.

PHILADELPHIA FISH HOUSE PUNCH

3 cl Cognac | 1,5 cl brauner Rum | 1,5 cl Pfirsichbrand | 3 cl frisch gepresster Zitronensaft | 2 cl Zuckersirup (siehe S. 64) | 1 Zeste von 1 Bio-Zitrone für die Deko
Außerdem:
Shaker | Eiswürfel | Tumbler | Barsieb

Für gute Freunde

Für 1 Tumbler (20 cl) | 5 Min. Zubereitung

1 Cognac, Rum, Pfirsichbrand, Zitronensaft und Zuckersirup in den Shaker geben und diesen mit Eiswürfeln auffüllen. Den Shaker fest verschließen und ca. 15 Sek. kräftig schütteln.

2 Den Tumbler mit Eiswürfeln füllen und den Inhalt des Shakers durch das Barsieb ins Glas gießen. Den Drink mit der Zitronenzeste dekorieren und sofort servieren.

VARIANTE FISH HOUSE PUNCH MIT BIRNE
Sie haben gerade keinen Pfirsichbrand zur Hand? Dann mixen Sie den Philadelphia Fish House Punch doch auch einmal mit einem Williamsbrand oder Calvados. Denn die fruchtige Note von Birne oder Apfel macht sich in diesem Drink nämlich ausgezeichnet.

TIPP
Kamen viele Gäste, wurde Punch früher in großen Gefäßen zubereitet. Eine prima Idee fürs nächste Grillfest! Multiplizieren Sie die Zutaten mit der Zahl der Gäste und verrühren Sie alles in einer großen Schüssel. Pro Person noch 5 – 6 Eiswürfel hineingeben und alles 10 Min. kalt werden lassen. Den Punch mit frischen Früchten dekorieren und in Gläsern servieren.

BRANDY CRUSTA

1 Bio-Zitrone | 2–3 TL Zucker | 6 cl Brandy | 1 Barlöffel Triple Sec (z. B. Cointreau) | 1 Barlöffel Zuckersirup (siehe S. 64) | 2 Spritzer Angostura Bitter

Außerdem:
Weißweinglas | Shaker | Eiswürfel | Barsieb | Teesieb

Aromatisch-säuerlicher Evergreen

Für 1 Weißweinglas (40 cl) | 10 Min. Zubereitung

1 Die Zitrone heiß abwaschen, abtrocknen und halbieren. Eine Hälfte vierteln. Die zweite Hälfte spiralförmig schälen, dann auspressen.

2 Für den Zuckerrand den Zucker auf einen kleinen Teller geben. Mit 1 Zitronenviertel am äußeren Rand des Weißweinglases entlangfahren. Den angefeuchteten Rand dann Stück für Stück in den Zucker tupfen, bis ein Zuckerrand entsteht. Zuletzt von oben auf den Fuß des Glases klopfen und überschüssigen Zucker abschütteln. Die Zitronenspirale in das Weißweinglas legen.

3 Brandy, Triple Sec, Zuckersirup, 1 cl Zitronensaft und Angostura in den Shaker geben und diesen mit Eiswürfeln auffüllen. Den Shaker fest verschließen und ca. 15 Sek. kräftig schütteln. Den Inhalt des Shakers doppelt durch Barsieb und Teesieb ins Glas gießen. Den Cocktail sofort servieren.

TIPP
Stilecht wird der Brandy Crusta ja in einem Crusta-Kelch serviert. Aber wer hat den schon im Barschrank stehen? Macht nichts, der Cocktail fühlt sich auch im Weißweinglas sehr wohl!

MAL GANZ OHNE

Ihnen steht der Sinn nach einer alkoholfreien Erfrischung oder Sie müssen noch Auto fahren? Don't worry! Sie brauchen Ihren Freunden nämlich nicht tatenlos zuzusehen, wie sie sich an leckeren Drinks erfreuen. Denn es geht auch ohne Alkohol. In diesem Kapitel kredenzen wir Ihnen trendige alkoholfreie Cocktails. Da ist für jeden Geschmack etwas dabei.

MOSQUITO

3 Stängel Minze | 2 cl frisch gepresster Limettensaft | 1 Barlöffel Zuckersirup (siehe S. 64) | 10 cl Tonic Water zum Auffüllen (ersatzweise Ginger Ale)
Außerdem:
Longdrinkglas | Barlöffel | gestoßenes Eis | Trinkhalm

Erfrischend minzig

Für 1 Longdrinkglas (25 cl) | 5 Min. Zubereitung

1 Die Minze waschen und trocken schütteln. Von 1 Stängel die Spitze abzupfen und für die Deko beiseitelegen. Die restlichen Stängel zwischen den Handflächen leicht andrücken und ins Longdrinkglas geben. Limettensaft und Zuckersirup dazugießen und mit dem Barlöffel verrühren.

2 Das Glas dann zu zwei Dritteln mit gestoßenem Eis füllen. Mit dem Tonic Water auffüllen und gründlich umrühren.

3 Den Mosquito mit der Minzespitze dekorieren und sofort mit dem Trinkhalm servieren.

IPANEMA

½ Bio-Limette | 1 reife Maracuja | 2 Barlöffel weißer Rohrzucker | 10 cl kaltes Ginger Ale zum Auffüllen
Außerdem:
Tumbler | Holzstößel | gestoßenes Eis | Barlöffel | Trinkhalm

Karibisch gut

Für 1 Tumbler (20 cl) | 5 Min. Zubereitung

1 Die Limette heiß abwaschen, abtrocknen und in Spalten schneiden. Die Maracuja halbieren, das Fruchtfleisch samt Kernen mit einem Teelöffel herausschaben und in den Tumbler geben. Limettenspalten und Rohrzucker zugeben und alles mit dem Stößel kräftig zerdrücken.

2 Das Glas mit gestoßenem Eis auffüllen und alles mit dem Barlöffel verrühren. Mit dem Ginger Ale auffüllen und nochmals umrühren. Den Drink sofort mit dem Trinkhalm servieren.

PELICAN

2 cl frisch gepresster Zitronensaft | 6 cl frisch gepresster Orangensaft | 8 cl Grapefruitsaft | 2 cl Maracujasirup | 1 Cocktailkirsche für die Deko | 1 Zeste von 1 Bio-Grapefruit für die Deko (ersatzweise 1 Zeste von 1 Bio-Orange)
Außerdem:
Shaker | großes Cocktailglas | gestoßenes Eis | Barsieb | Trinkhalm

Der verleiht Flügel …

Für 1 großes Cocktailglas (40 cl) | 5 Min. Zubereitung

1 Zitronensaft, Orangensaft, Grapefruitsaft und Sirup in den Shaker geben. Den Shaker fest verschließen und ca. 15 Sek. kräftig schütteln.

2 Das Cocktailglas zur Hälfte mit gestoßenem Eis füllen und den Inhalt des Shakers durch das Barsieb dazugießen. Den Cocktail mit der Kirsche und der Grapefruitzeste dekorieren und sofort mit dem Trinkhalm servieren.

HIMBEER-MELISSE-LASSI

11 frische Himbeeren | 1 Stängel Melisse | 3 EL Naturjoghurt (3,5 % Fett) | 2 cl frisch gepresster Limettensaft | 3 cl Zuckersirup (siehe S. 64)
Außerdem:
Standmixer | Longdrinkglas | gestoßenes Eis | Trinkhalm

Cocktailgrüße aus Mumbai

Für 1 Longdrinkglas (25 cl) | 5 Min. Zubereitung

1 Die Himbeeren verlesen, 1 Beere für die Deko beiseitelegen. Den Melissestängel waschen, trocken schütteln und die Spitze und 5 Blätter abzupfen. Die Spitze für die Deko beiseitelegen.

2 Beeren, Melisseblätter, Joghurt, Limettensaft und Sirup in den Mixer geben. Das Glas halb mit gestoßenem Eis füllen, dann ebenfalls in den Mixer geben. Alles auf höchster Stufe ca. 15 Sek. mixen.

3 Den Lassi ins Glas gießen und mit der übrigen Himbeere und der Melissespitze dekorieren. Sofort mit dem Trinkhalm servieren.

RHUBARB MANGO SMASH

½ reife Mango | 10 cl trüber Rhabarbernektar | 2 cl frisch gepresster Limettensaft | 2 cl Grapefruitsaft | 1 cl Vanillesirup
Außerdem:
Shaker | Eiswürfel | Tumbler | gestoßenes Eis | Barsieb | Teesieb | Trinkhalm

Fruchtbombe

Für 1 Tumbler (20 cl) | 5 Min. Zubereitung

1 Die Mango waschen, dann 1 dünne Scheibe und 3 Spalten abschneiden. Die Scheibe für die Deko beiseitelegen, die Spalten schälen. Die Mangospalten mit Rhabarbernektar, Limetten- und Grapefruitsaft in den Shaker geben und diesen mit Eiswürfeln auffüllen. Den Shaker fest verschließen und ca. 15 Sek. kräftig schütteln.

2 Den Tumbler halb mit gestoßenem Eis füllen und den Inhalt des Shakers doppelt durch Barsieb und Teesieb dazugießen. Die Mangoscheibe ins Eis stecken. Das Glas bis zum Rand mit Eis auffüllen und den Vanillesirup langsam darübergießen. Den Drink sofort mit dem Trinkhalm servieren.

VIRGIN MARY

1 kleine Stange Staudensellerie für die Deko | 12 cl Tomatensaft | frisch gemahlener schwarzer Pfeffer | 2 cl Zitronensaft | 1 Barlöffel Worcestersauce | 1–2 Prisen Meersalzflocken | 1–2 Spritzer Tabasco
Außerdem:
Longdrinkglas | Eiswürfel | Barlöffel

Für den Morgen

Für 1 Longdrinkglas (25 cl) | 5 Min. Zubereitung

1 Die Selleriestange waschen, trocken tupfen und nach Bedarf etwas kürzen. Für die Deko beiseitelegen.

2 Das Longdrinkglas mit Eiswürfeln füllen. Die Hälfte des Tomatensafts hineingießen und mit Pfeffer, Zitronensaft, Worcestersauce, Meersalz und Tabasco nach Geschmack würzen. Alles mit dem Barlöffel gründlich verrühren.

3 Den restlichen Tomatensaft dazugießen und nochmals gut umrühren. Die Selleriestange so ins Glas stecken, dass sie leicht über den Rand hinausragt. Den Drink mit 1 Prise Pfeffer übermahlen und sofort servieren.

REGISTER

Damit Sie Rezepte mit bestimmten Zutaten noch schneller finden, sind in diesem Register auch beliebte Zutaten wie **Gin** oder **Whiskey** alphabetisch eingeordnet und hervorgehoben. Darunter finden Sie das Rezept Ihrer Wahl.

A

Air Mail (Variante) 16
Americano (Variante) 49
Aperol
　Aperol Spritz 19
　Rhubarb Mint Cooler 33
Apple Martini 30
Aviation 48

B

Beerenlikör: Breakfast Martini 31
Bitter-Aperitifs (Warenkunde) 6
Blood and Sand 45
Brandy
　Brandy (Warenkunde) 6
　Brandy Crusta 51
　Horse's Neck 35
Breakfast Martini 31

C

Cachaça
　Cachaça (Warenkunde) 6
　Caipirinha 11
Caipirinha 11
Campari
　Americano (Variante) 49
　Campari Spritz (Variante) 19
　Negroni 49
Cape Codder 14
Champagner
　Old Cuban 36
　Russian Spring Punch 29
Chartreuse: Last Word 49
Claridge Cocktail 48
Cognac
　Cognac (Warenkunde) 6
　Philadelphia Fish House Punch 50
Cosmopolitan 27
Cuba Libre 17

D

Daiquiri 16
Dark 'n' Stormy (Variante) 15
Dry Martini Cocktail 47

E/F

Espresso Martini 30
Fish House Punch mit Birne (Variante) 50
Floridita Daiquiri 36
French Martini 31

G

Gin
　Aviation 48
　Breakfast Martini 31
　Claridge Cocktail 48
　Dry Martini Cocktail 47
　Gin (Warenkunde) 6
　Gin & Tonic 23
　Gin Basil Smash 23
　Gin Fizz 22
　Negroni 49
　Rhubarb Mint Cooler 33
　Last Word 49
Golden Cadillac 39
Golden Dream (Variante) 39

H/I

Himbeer-Melisse-Lassi 57
Horse's Neck 35
Hugo 18
Hurricane 37
Ipanema 56

K

Kaffeelikör
　Espresso Martini 30
　White Russian 28
Kakaolikör: Golden Cadillac 39
Kirschlikör
　Aviation 48
　Blood and Sand 45
　Floridita Daiquiri 36
　Last Word 49
　Zombie 43

L

Last Word 49
Lavendelsirup 64
Liköre (Warenkunde) 6

M

Mai Tai 42
Manhattan 44
Margarita 26
Mint Julep 12
Mojito 16
Moscow Mule 15
Mosquito 55

N/O

Negroni 49
Old Cuban 36
Old Fashioned 34

P

Pelican 56
Philadelphia Fish House Punch 50
Piña Colada 17
Planter's Punch 37
Prince, cremiger 38
Prosecco
   Aperol Spritz 19
   Hugo 18

R

Rhabarbersirup 64
Rhubarb Mint Cooler 33
Rhubarb Mango Smash 57
Rum
   Cuba Libre 17
   Daiquiri 16
   Dark 'n' Stormy (Variante) 15
   Floridita Daiquiri 36
   Hurricane 37
   Mai Tai 42
   Mojito 16
   Old Cuban 36
   Philadelphia Fish House Punch 50
   Piña Colada 17
   Planter's Punch 37
   Rum (Warenkunde) 6
   Zombie 43
Russian Spring Punch 29

S

Sea Breeze (Variante) 14
Sherry Cobbler 21
Sirup
   Lavendelsirup 64
   Rhabarbersirup 64
   Zuckersirup 64

T

Tequila
   Margarita 26
   Prince, cremiger 38
   Tequila (Warenkunde) 6
Triple Sec
   Brandy Crusta 51
   Breakfast Martini 31
   Claridge Cocktail 48
   Cosmopolitan 27
   Mai Tai 42
   Margarita 26

V

Vanillelikör
   Golden Cadillac 39
   Golden Dream (Variante) 39
   Prince, cremiger 38
Veilchenlikör: Aviation 48
Virgin Mary 59

W

Wermut
   Americano (Variante) 49
   Blood and Sand 45
   Claridge Cocktail 48
   Dry Martini Cocktail 47
   Manhattan 44
   Negroni 49
   Wermut (Warenkunde) 6
Whiskey
   Manhattan 44
   Mint Julep 12
   Old Fashioned 34
   Whiskey (Warenkunde) 6
   Whiskey Sour 13
Whisky
   Blood and Sand 45
   Whisky (Warenkunde) 6
   Whisky Soda 13
White Russian 28
Wodka
   Apple Martini 30
   Cape Codder 14
   Espresso Martini 30
   French Martini 31
   Moscow Mule 15
   Sea Breeze (Variante) 14
   White Russian 28
   Wodka (Warenkunde) 6
Würz-Bitters (Warenkunde) 6

Z

Zitronenwodka: Cosmopolitan 27
Zombie 43
Zuckersirup 64

© 2015 GRÄFE UND UNZER VERLAG GmbH, München
Alle Rechte vorbehalten. Nachdruck, auch auszugsweise, sowie die Verbreitung durch Film, Funk, Fernsehen und Internet, durch fotomechanische Wiedergabe, Tonträger und Datenverarbeitungssysteme jeglicher Art nur mit schriftlicher Genehmigung des Verlages.

Projektleitung: Verena Kordick
Lektorat: Petra Teetz
Korrektorat: Petra Bachmann
Innen- und Umschlaggestaltung: independent Medien-Design, Horst Moser, München
Herstellung: Sigrid Frank
Satz: Kösel, Krugzell
Reproduktion: Repro Ludwig, Zell am See
Druck und Bindung: Schreckhase, Spangenberg
Syndication: www.jalag-syndication.de
Printed in Germany

2. Auflage 2015
ISBN 978-3-8338-4123-1

www.facebook.com/gu.verlag

Die Autoren
Jens Hasenbein wurde 2005 zum Gault Millau Barkeeper des Jahres ernannt. **Helmut Adam** arbeitete als Bartender bereits in London, Wien, Zürich und Berlin. Seit 2003 sind die beiden Herausgeber des Magazins »Mixology« für Barkultur, das eine weltweite Fangemeinde hat.

Der Fotograf
Jörn Rynio zählt zu seinen Auftraggebern internationale Zeitschriften, namhafte Buchverlage und Werbeagenturen. Mit einer großen Portion Kreativität und coolem Styling setzte der Hamburger Fotograf unsere Cocktails und Drinks in Szene. Tatkräftig unterstützt wurde er dabei von **Michaely Suchy** (Styling) und **Antje Küthe** (Foodstyling).

Bildnachweis
Titelfoto: Anke Schütz, Buxtehude; Autorenfotos: privat; alle anderen Fotos: Jörn Rynio

Titelrezept
Planter's Punch (S. 37) und Whiskey Sour (S. 13)

Umwelthinweis:
Dieses Buch ist auf PEFC-zertifiziertem Papier aus nachhaltiger Waldwirtschaft gedruckt.

Liebe Leserin, lieber Leser,
haben wir Ihre Erwartungen erfüllt? Sind Sie mit diesem Buch zufrieden? Haben Sie weitere Fragen zu diesem Thema? Wir freuen uns auf Ihre Rückmeldung, auf Lob, Kritik und Anregungen, damit wir für Sie immer besser werden können.

GRÄFE UND UNZER Verlag
Leserservice
Postfach 86 03 13
81630 München
E-Mail:
leserservice@graefe-und-unzer.de

Telefon: 00800 / 72 37 33 33*
Telefax: 00800 / 50 12 05 44*
Mo–Do: 8.00–18.00 Uhr
Fr: 8.00–16.00 Uhr
(* gebührenfrei in D, A, CH)

Ihr GRÄFE UND UNZER Verlag
Der erste Ratgeberverlag – seit 1722.

Backofenhinweis:
Die Backzeiten können je nach Herd variieren. Die Temperaturangaben in unseren Rezepten beziehen sich auf das Backen im Elektroherd mit Ober- und Unterhitze und können bei Gasherden oder Backen mit Umluft abweichen. Details entnehmen Sie bitte Ihrer Gebrauchsanweisung.

LEICHTER DURCHS LEBEN

DEIN DIGITALER COACH FÜR MEHR BALANCE

G|U BALANCE
www.gu-balance.de

JETZT 10 TAGE KOSTENLOS TESTEN
www.gu-balance.de

✓ BESSER ESSEN
✓ MIT SPASS BEWEGEN
✓ ENDLICH ENTSPANNT

FÜR:

SIRUP FÜR DIE HAUSBAR

Sirupe sind absolute Basics in jeder Bar. Sie können sie fertig im Handel kaufen oder aber ganz einfach zu Hause selbst zubereiten.

ZUCKERSIRUP

Für ca. ¾ l: In einem Topf 1 kg Zucker mit ½ l Wasser langsam erhitzen, bis sich der Zucker aufgelöst hat und der Sirup sprudelnd kocht. Dabei regelmäßig mit dem Schneebesen umrühren. Den Sirup dann bei schwacher Hitze 3–4 Min. sanft köcheln lassen. Den Topf vom Herd nehmen und den Sirup vollständig abkühlen lassen. Danach in eine saubere Flasche füllen und verschließen. Durch seinen hohen Zuckergehalt ist der Sirup im Kühlschrank fast unbegrenzt haltbar. Unser Tipp: Den Sirup für einen kräftigeren Geschmack mal mit braunem Zucker zubereiten.

RHABARBERSIRUP

Für ca. 650 ml: 500 g Rhabarber waschen und putzen. Die Stangen in 3–4 cm lange Stücke schneiden und in einen Topf geben. Den Rhabarber mit 1 TL Zucker bestreuen und dünsten, bis Saft austritt. Die abgeriebene Schale von 1 Bio-Orange zugeben und alles bei schwacher Hitze 5 Min. köcheln lassen. ½ l Zuckersirup (siehe links) zugießen, aufkochen und sanft köcheln lassen, bis sich der Rhabarber in Fäden auflöst. Den Sirup vom Herd nehmen und abkühlen lassen. Durch ein feines Sieb abgießen und in eine saubere Flasche füllen. Im Kühlschrank ist der Sirup mindestens 2 Wochen haltbar.

LAVENDELSIRUP

Für ca. ½ l: In einem Topf ½ l Zuckersirup (siehe ganz links) erhitzen. Vom Herd nehmen und 5 gehäufte EL getrocknete Lavendelblüten (aus Apotheke oder Bioladen) in den heißen Sirup streuen. Offen 10 Min. ziehen lassen, dabei gelegentlich umrühren. Den Sirup danach durch einen Teefilter oder durch ein mit einem Mulltuch ausgelegtes Sieb abgießen und in eine saubere Flasche füllen. Der Sirup ist im Kühlschrank praktisch unbegrenzt haltbar. Unser Tipp: Für einen blumigen Aperitif 1 cl Lavendelsirup in eine Sektflöte geben und mit Sekt aufgießen.

AM BESTEN SELBST GEMACHT